너에게 나는

너에게 나는

김형태 시집

도서출판 **참**

너에게 나는

초판 1쇄 인쇄일 | 2025년 11월 10일
초판 1쇄 발행일 | 2025년 11월 14일

지 은 이 | 김형태
발 행 인 | 김종민

펴 낸 곳 | 도서출판 참
주　　소 | 대구광역시 중구 명륜로 6길 8 3층
전　　화 | 053 - 256 -6695
팩　　스 | 053 - 256 -6669

ISBN 979-11-87023-37-1
가격은 뒷표지에 있습니다.
잘못된 책은 바꾸어 드립니다.

시인의 말

어느덧
언덕을 넘어
노을 젖은 길을 내려가려니
자꾸만 돌아보게 되는
뒤안
그동안
동행에 지팡이가 되어 준
벗들과 젊은 스승님들
그리고
삶의 의미로 나를 채워 준
아내와 아이들에게
다 쓰지 못한
일기장에 여백을 남기고자
영혼의 하늘에서
빛나는 별들을 건져
시집 하나 엮어보려는
나의
작은 두레박질

25년 가을, 김형태

차례

시인의 말 · 5

I 너에게 나는

제비꽃반지 · 15
밀봉된 사랑 · 16
창문을 여니 · 17
부지깽이 · 18
너에게 나는 · 19
너 떠난 자리에 · 20
해바라기 · 21
해변의 추억 · 22
별 · 23
내 손을 놓지 마오 · 24
뜰에 핀 별 · 26
기어이 가시려오 · 27
인연 · 28
아직 사랑이야 · 29
사랑은 · 30
장맛비 · 33

친구야, 달 오르면 · 34
꽃은 지고요 · 35
썰물 · 36
노을 젖어가는 길 · 37
진주 · 38

II 구름길

갈바람 부는 날 · 41
강물 · 43
비둘기처럼 · 45
새벽 · 46
너를 보낸다 · 47
민달팽이의 봄 · 48
바람이 와서 물었다 · 49
그는 누구일까요 · 50
어머니, 어찌 그리 가십니까 · 52
간이역 · 53
분수噴水 · 55
치매 · 56
구름길 · 57
호미 · 58
갑사甲寺 · 59

묻지 마세요 · 60
지렁이 · 61
망초꽃만 피어있었습니다 · 62
절름발이 · 63
내려가는 길 · 64

III 꽃 하나 피우기 위해

일어나라 · 67
신작로 · 68
맑은 날뿐이라면 · 69
이제서야 · 70
흘러서 어디로 가든 · 71
들꽃 · 72
연꽃 · 73
산매화 · 74
민들레 · 75
배롱나무 · 76
벚꽃 · 77
동백 · 78
장미는 외로워 · 79
꽃 하나 피우기 위해 · 80
싸리나무 · 81
능소화 · 82

호박꽃 · 83
선운사 꽃무릇 · 84
벚나무 이파리도 피었습니다 · 85

IV 봄이 오는 길

2월의 시 · 89
봄이 오는 길 · 90
봄이 돌아온다 · 91
입추 · 92
팔월에는 · 93
가을 나그네 · 94
10월의 기도 · 95
선운사 단풍 · 96
낙엽을 보낸다 · 98
낙엽은 지지 않는다 · 99
가을이 넘어가고 있습니다 · 101
동행 · 102
첫눈이 오면 · 103
겨울나무 · 105
봄비 내리는 날 · 106
겨울을 건너는 강 · 107
고목의 봄 · 108
백로白露 · 109

9월에 머무는 동안 · 110
오월에 살으리 · 111
대합실 · 113
새야, 날아보자 · 115
지하철 동충하초 · 116

V 안개꽃

낙화 · 121
씨앗 · 122
신발이 없어졌다(요양병원) · 123
정동진 · 125
역전시장 · 126
금오도 · 127
땡감 · 128
눈사람 · 129
행복할 거야 · 130
행적 · 131
안개꽃 · 132
갯벌 · 133
나팔꽃 · 134
재개발지구 · 135
존재 · 136
고사목 · 137

다도해 · 138
돌탑을 쌓는 일 · 139
담쟁이 · 140
낙엽을 보다 · 141
하늘동네 · 142
계족산 황톳길 · 143
회한 · 144
파경 · 145
낙오 · 146
무상無常 · 147
거울 · 148
저 연잎은 · 149

해설 · 150

I 부

너에게 나는

제비꽃반지

못 보았습니다
미처 못 보았습니다
가문 논바닥처럼 성근 그 손을

보랏빛 꽃반지 하나에 향기로운 그 손을
미처 못 보았습니다

청보리밭으로 봄이

따뜻한 눈길 한 번 받아보기가 소망인
이 봄이 지나가고 있습니다

품에 안기 전에는
그저 들꽃 하나인 당신

간밤, 이슬비 다녀가더니
뜰에 당신 향기가 가득합니다

밀봉된 사랑

오늘같이 하늘이 높았었지
그 어느 날,
민들레 홀씨처럼 늑골 사이로 스며든
문신 같은 사랑이 있었어

잊었다고 했다
세월이 데려갔다고 했다

백발이 되는 동안
때 없이 찾아오는 무릎 통증처럼 살아 나오는 거야
내 몸 어딘가에 아주 오랫동안 들어앉아 있었던 거지

오래된 엽서를 열고 살짝 들여다보는
분홍색 밀어

창문을 여니

달도
잠들어 누운 밤

낙엽 구르는 소리에 창문을 여니
너는 보이지 않고
네 생각에 젖은 베갯머리에서
잠이 빠져나가 돌아오지 않는다

길도 없는 어둠 속에서

오동잎 뒤척이는 소리인가
내게로 오는 너의 발소리인가
차마 창문을 닫지 못하고…

달도 잠들어 누운
밤에

부지깽이

아궁이는 불꽃이
저 혼자 일어서는 줄 알았다

왜 모를까
조용히 그러나 절박하게
제 몸을 사르고 가는 것이 있음을

잔불 속에서 외로이 사위어 간
저 헌신이여

잊지 말아요
당신을 피우기 위해
숨어서 타는 사랑이 있음을

너에게 나는

소낙비에 젖었구나
울지마
내가 무지개로 찾아갈게

라일락 지고 밤꽃 내 자욱하도록
차마 두드리지 못한 너의 창문에
색동다리 걸어 놓을까

황혼에 고단한 몸을 누이는 너에게
밤새 팔베개 해주고 사라지는
새벽안개가 되리

어느 빈 하늘에 낮달이 있거든
내 사랑이라 보아다오

너에게 보이지 않더라도
널 위해 밝아있을 테니

너 떠난 자리에

꽃이 진다고 아주 갈거나
너 떠난다고
빈 가지에 찬바람만 들까

꽃대궁 남은 자리는
씨앗이 들어서고
너 떠난 자리는
마음 가득 그리움일 것이니

그대
간다고 아주 갈거나

까치 울다 간 자리에
앵두 익는 소리만
남았다

해바라기

한없이 미련한 당신
까맣게 타들어 가도록
바라만 봐야 했을까

님 가는 길 따라서
숨어 숨어 보다가

하고픈 말
알알이 박힌 얼굴로
먼 데 노을 녘 아미를 모은다

해변의 추억

춤추는 모닥불로
밤이 더 뜨거운 해변이었다

뿔소라에 웅크리고 들어앉은 농염한 대화들
갈매기도 엿들었겠지만
잊었을 거다

조가비도 모르게 그려놓은 추억
파도가 가져갔으니
가슴에 묻어야지

별

곁에
있을 때는 몰랐는데

네가 떠난 뒤
빛이 사라진 하늘에

온통
너만 보이잖아

내 손을 놓지 마오

바람도 없이 꽃 지던 날
시작된 조용한 싸움

한 가닥 링거 줄을 타고 흐르는 눈물로도
당신을 일으킬 수 없네요
이 무정한 계절이 가고 다시 봄이 온대도
나는 그 사람을 위해
새싹 하나 피우지 못합니다
침묵의 자객이
성한 곳 없는 가여운 몸을 마구 두드립니다

함께 가는 이 몸, 어디 한 군데라도
당신에게 끼워 줄 수 있다면
단 하루라도 온기 있는 손을 잡고
입 맞출 수 있을 텐데
노을빛을 날개에 얹고
왜가리 한 쌍이 갈대숲을 넘어갑니다

가을 산이 옷을 벗고 겨울 강으로 걸어 들어가는
이 모진 길에서도
당신이 있어 축복입니다
지나온 날과

가야 할 날들을 다 합쳐도
당신이 있는 지금이 축복입니다

여보 여보,
부디 내 손을 놓지 마오

뜰에 핀 별

별을 따서

뜰에 심었더니

그대가

피었습니다

기어이 가시려오

가시려오
기어이 가시려오

당신 없는 계절마다 부는 삭풍을
어이 하라고
어이 하라고
날 두고 가시려오

날아가네
깊은 강 건너 서산 넘어가네

복숭아 살 오르고 옥수수 굵어지는데
이제 뜨는 해도 없겠네
단풍 들면 같이 물들자더니
그 사람 어디 가고 그리움만 남았는가

사랑아 사랑아
내 사랑아
기어이 가려거든
오는 길이나 잊지 마오

인연

보지 않았어도
수이 만나리라

아스라이 먼 데서
이미 와 있었으리라

기약은 없었어도
매화 지고 라일락 피면
말 타고 올 것이니

내 그가 오거든
별빛 가득 매실주 담고
은수저 두 벌 준비 하리다

아직 사랑이야

난 잊지 않았지만
잊혀진 줄 알았어

갈바람이 빨간 단풍잎을
내게 보낼 때
너의 마음을 읽었어야 했어

풀잎 이슬이 걷히기 전에
까치에게 말해 버릴걸

'내 사랑 아직 그대로야'

버들개지 물오르면
우리 다시 꽃피울 수 있을까?

버들개지 물오르면…

사랑은

사랑은
함께 비바람을 견디며
무지개를 만드는 것입니다

사랑은
어두워질수록 더 빛나는 별처럼
서로에게 빛이 되어 주는 것입니다

사랑은
낮달처럼, 보이지 않더라도
그 사람을 위해 밝아있는 것입니다

사랑은
다 내어주고 또 줄 것이 없는지
내 손을 살펴보는 것입니다

사랑은
꽃으로 빛나게
그의 배경이 되어 주는 것입니다

사랑은
길을 잘못 든 사람을

끝까지 기다려 주는 것입니다

사랑은
그 사람의 눈물바다에 들어가
같이 헤엄쳐 가는 것입니다

사랑은
밤새 팔베개를 해주고는
새벽안개 속으로 사라지는 것입니다

사랑은
하룻밤을 위하여
모래성을 쌓는 것입니다

사랑은
내 상처를 감추고
그의 눈물을 닦아주는 것입니다

사랑은
그 사람이 다른 곳을 보고 있어도
그 시선을 따라가 주는 것입니다

사랑은
질화로의 불씨처럼
오래오래 간직하는 것입니다

사랑은
이따금, 가을산처럼
멀리서 보아야 아름다운 것입니다

사랑은
서로 존중하며 기찻길처럼
간격이 있어야 멀리 갈 수가 있는 것입니다

사랑은
제 몸을 태워 불을 지피는 부지깽이처럼
헌신하는 것입니다

사랑은
보이지 않는 헌신에도
서운해하지 않는 것입니다

장맛비

애야, 울지마라
누구나 슬플 때가 있지
산다는 것은
장맛비를 맞으며 무지개를 피우는 일

비가 오면 젖어서 슬프고
뙤약볕이 들면
지렁이가 또 마른 땅에서 서럽듯

지나간 것은 늘 그리움이고
찬란한 진주에는
꽃이 된 상처가 담겨 있듯

모진 비바람에 허리가 꺾여도
애야, 잊지 마!

장마가 지나면
무지개가 핀다는 것을

친구야, 달 오르면

꽃이었나 했는데
해거름에 돌아보니
뜰엔 낙엽뿐

눈을 감아도 꽃이 피고
눈을 뜨고 있어도 꽃은 지더라

그대, 조금만 조금만 더 있어 준다면
다 하지 못한 인연
하얗게 하얗게 불태우겠네

너를 찾아 헤매다가
잊혀도 좋을 이름이여

이 밤을 새우고 나면
까맣게 사라질 잔불이여

친구야, 달 오르면
잔 하나 더 올려 주시게

꽃은 지고요

꽃이 지고
나도 지고

눈 녹은 산 이마가 환해지나 싶더니
그새 꽃이 지고

천지간에 꽃물 들더니
간데없이 아주 금방이더이다

사랑한단 말, 입안에 둔 채
청보리밭 위로
속절없이 봄날을 보내고 있습니다

지나온 나날들, 모두가 꽃잎인데
바람도 없이 꽃잎은
재 넘어가고요

못다 한 말, 빈 배에 싣고
아니 갈듯 흘러갑니다

마음은 강나루에 두고

썰물

철 지난 바닷가에 혼자 있습니다

해는 서녘에서 잔불로 타고
무릎으로 오가던 파도가
남은 시간을 밀어내며 빠져나갑니다
그리운 것들도 아쉬운 것들도
모두 가져갑니다
살아온 날만큼
깨지고 무디어진 조개껍데기가
내 무릎 연골처럼 헤져서 모래가 되고
먼 훗날
나 닮은 아이들이 모래성을 쌓으며
소라의 옛이야기를 듣겠지요

아무도 없는 바닷가를
혼자서 거닐다 또 돌아봅니다

노을 젖어 가는 길

까치밥 옆에
누런 감잎 하나

하늘과 나뭇잎은
늘 푸른 빛인 줄 알았습니다

가는 곳도 모르고 나섰는데
그새 길은 고개를 넘어갑니다

꽃 지고 바람 부니
노을 젖어 가는 길이
낙엽 한 장에 묻히더이다

진주

그대
아파야 꽃이 되는
눈물방울이여

상처 없이 사는 삶
어디 있으랴
시련을 딛고 밝아오는

저 꽃

한 송이

II부

구름길

갈바람 부는 날

은행 나뭇잎 노랑은
원래 저리 슬픈 것이더냐
가슴골 끝에서
바람이 운다

채워도 채워도
채우지 못한 이승의 목마름이여
한 줌 잡은 것도 없는 주먹을 펴지 못하고
한 줄기 바람 앞에 섰다

저보다 먼저 꽃을 피워내고
꽃보다 더 붉은 사랑으로 물들다가
단호하게 떨어져 누운
벚나무 이파리 곁에서

스스로 내려앉아
까치밥 하나, 희망으로 걸어두는
감나무 이파리 곁에서

저녁으로 갈바람 불면
나는 어떤 색깔이 될까

어느 외진 강변에 홀로 서서

여름 내내 멍든 가슴을 파 먹힌
플라타너스 낙엽에 발을 묻고는
갈대를 흔드는 바람마다
나를 보낸다

강물

어디
처음부터 몽돌이었으랴
물이 흐르기 시작한 날부터
바람과 구름의 손으로 어르고 다그치며
서리서리 다듬어진 강돌은
애초 저 우직한 바위의 모서리였을 터

물이 마르고
돌이 모래가 되고 흙이 되는 날

그때 누가 나를 부른다면
가없는 사랑인 줄 모른 채 그냥 흘려버린
강물의 간절한 손길을 기억하리라
여름날 폭우에 뒤척이던 세찬 물결도
모난 귀를 어루만지는
따뜻한 애정이었던 것을 기억하리라

갈대숲에 머물던 가창오리가
눈을 들어 돌아갈 길을 찾는다

생을 건너온 아픈 기억을
뒤에서 안아주는 물에 씻어 가며

둥글게 둥글게 구르다가
노을 머금은 해 질 녘
가여울 쉬어 가는 어느 산촌에 머물러
들꽃 한 송이 키워야지

비둘기처럼

새벽 시장에서
아이들의 등굣길에서
세월을 쪼아 먹으며 지구를 돌리고 있다

온종일

그러다 별을 헤며 잠이 들겠지

사람은 비둘기에게 침을 뱉는다

"내일 비가 오면
너는 날지도 못할 거야"

땡감 하나 떨어져서
감나무가 죽는 것도 아닌데
사람은 영영 아침이 오지 않을 것처럼 슬프다

비둘기가
사람의 머리 위에 똥을 싸고 날아간다

새벽

너는 아는가

온종일 제 몸을 태우고
잔불이 된 해가
왜 밤을 지새워 새벽을 만드는지

삼베 잠방이를 흠뻑 적시고도
아직 다 갈아엎지 못한
농부의 묵정밭 때문인지

그곳에서 깨어날
푸른 콩잎들의 미소 때문인지

진주는
상처를 소금물에 씻어 가며
영글어 가고

한 평 고시촌 호롱불은
아직 가로등에 매달려 있는데

너는 새벽을 만들고 있는가?
(저절로 구르는 바퀴는 없고
어둡고 긴 터널을 지나야 빛이 보이는 법이다)

너를 보낸다

아기 울음소리 들리고
떠돌던 별 하나가
나를 찾아오던 날
홀로 선 등대는 불을 밝혔지

뻐꾸기는 언제부터 날기 시작했을까
품었던 알은 날개를 달고
정박한 배는
썰물을 타고 수평선을 넘는다

슬퍼하지 마

너를 보내고
남겨진 그림자가 차곡차곡 쌓여도
잊었던 고향에서 다시 만나기 위해
난 씨앗이 될게

잊지 마

씨앗이 혼자라도 꽃 피울 수 있는 것은
그 안에
네가 함께 있다는 이유인 거야

민달팽이의 봄

달팽이가 집을 버리고
세상을 떠돌기 시작했다

먼저 떠난 누군가가 물었다
오는 길은 어떠했냐고

"꽃이 피고 하늘은 높았지만
내게는 겨울이었다네"

민달팽이가 물었다
자네 가는 길은 어떠했냐고

"어둡고 추웠지만
곧 꽃이 필 것을 믿으니 봄길이 열리더군"

바람이 와서 물었다

나이테를 열면
광야를 딛고 선 고목의 굴곡진 이력이 보인다

아득한 벼랑에서도
절망의 벽 앞에서도
무릎을 꺾지 않는 거인에게 물었다

당신은 하늘에 닿도록
슬퍼 보았나요?

나무가 흔들리지 않는다고
바람이 없다 하겠는가
고목은 네 슬픔까지 담아두기 위해
속을 비워 놓는 것이란다

내뱉지도 못할 신음으로
이파리만 파르르

호수를 건너던 밤바람이
만삭의 달을 건져
고목의 가지에 매달아 놓았다

그는 누구일까요

알 수가 없습니다
어느 곳, 어느 별에서 오는지

소낙비 지나간 언덕에서
무지개 타고 오는지

어느 외진 담장 아래에서
민들레 홀씨를 타고 오는지

흐르다 머물다 넘어지면서
내게로 오는 중이겠지요

모래가 몽돌이었을 아득한 날부터
안개 사이로 찬 이슬을 밟고 오실
그는

여태껏
누구의 가슴을 떠돌고 있는 걸까요

아직도 오지 않은 그를 위해
낮에도 등불을 끄지 못하고

국화는 늦게까지
꽃을 지우지 못하는가 봅니다

어머니, 어찌 그리 가십니까

부르고 불러봐도
먼 하늘 너머로 끝내 가오신
돌아오지 않을 메아리여

그리워 그리다가
눈물로 채워질
모정의 빈자리여

무슨 일로 그리 가십니까
아니 보내 드릴 듯
손을 놓아버린 저는
하늘을 우러러 어찌 살라구요

멍울 한 짐 안은 채
하얀 나비 따라가신 어머니

살점을 발리고 남은
오 척 단신조차 뵈올 수 없으니
언제면 업어 볼 수 있으리오

간이역

저물녘 기차는
날이 밝아도 돌아오지 않아
떠나는 것은
모두가 편도이므로

돌아오지 않을 것과
보내야 할 것들을 실려 보낸 나무 의자는
마음 없이 손을 흔들고

길 잃은 구름 한 점이
바람 따라 흐르다 들여다볼 뿐
서슬 퍼런 세월에 떠밀려 온 낙엽이
이승의 미련을 버리지 못하고 창문에 붙어 기웃거리는
오후

시간표도 없는 대합실에
두 꾸러미의 고독
세 꾸러미의 허무
다섯 꾸러미의 목마른 욕심이
이미 떠난 시간의 잔상을 붙들고 있다

이정표의 여윈 손은

아스라이 철길 끝을 보지만
늑골 따라 달리는 여로
그 어디쯤에서 내려야 하는지

한 사람의 시선은
하루살이가 깃을 내리는 서녘 노을에 있고
또 한 사람은
등짐을 내려놓지 못하고 서 있는데

떠날 수도
머물 수도 없는
도래 바람 휘도는 간이역

나는 종착역 모를 승차권에
쉼표를 그려 넣었다

분수噴水

갯벌을 지나 남대천으로 거슬러 오르는 바다에서
고래는 하늘을 날기로 했다

중력을 거스르는 무모한 시도,
깃털이 없는 날개는
마주한 허공에서
찰나의 상투를 거머쥔 채 떨어지고 떨어지고

눈을 부릅뜬 물의 사체들이
아물지 않은 상처에 머리를 박고 산산이 부서져도
고래의 날갯짓은 계속된다

사막을 건너는 낙타의 걸음은 빙하까지 이어져야 한다
앞만 보고 지구를 밀고 가는 말똥구리처럼
허공에 발톱을 박고 올라가야 한다

사람들은 고래를 보지 못했지만
하늘을 날고 있는 것이라고 여겼다

치매

백발의 아이가
딸의 젖을 받아먹으며 옹알이를 한다
밥상머리에는 모두가 낯선 얼굴들

무슨 이유로 너는 버려져 우는가
묵정밭을 일구며 자갈길을 걸어 온 생애,
그 끝에 피어난 검버섯에 붉은 눈물이 흐른다

아침마다 밝아오는 무덤에서
의미 없는 시간이 하늘 쪽 창가에 쌓이고
치우지 못한 목숨에서 쉰내가 난다

개가 짖는다

아이야 무서워 마라
이제 엄마에게 돌아갈 시간이란다

구름길

발자국도 없이 떠도는 구름
한 조각

하늘 한 뼘 내주고
주소도 없이 머물게 하고는
바람을 불러 등을 떠민다

다시 보마는 언약도 없이
가는 길도 묻지 않고

어쩌다 바람 따라나선 길
이 세상 어디에
점 하나 남길 수 있으랴

호미

언제 허리 한 번 세워본 적 있었을까?

비알에 머물던 산그림자가
노을 진 고랑으로 내려올 때까지
비틀거리는 묵정밭에서
이랑을 여럿이나 일구어냈다지요
장닭이 홰를 치며 목을 빼더라도
기러기가 물어간 시간을 내어 쓸 수가 없으니
남은 밭뙈기는 그대로 두어야겠습니다
소쩍새가 울어
보리 이삭이 패면, 그때는
머리를 목침에 고이고 누워도 되겠지요
뜨락에 별빛이 곱게 쌓이면
내 별 찾아가는 길도 밝아 있겠지요
녹슨 보습 위로
첫눈처럼 달빛이 내리고 있습니다

어머니!
어머니 계신 곳에도
감나무 가지에 보름달이 열리는지요

갑사甲寺

용마루 끝에
새 한 마리 있어

갈 길을 묻자 하니
빈 하늘에
풍경 소리만 한소끔

계곡물에 길을 물으니
뒤돌아보지 말고

물길 따라
그저 가라 한다

묻지 마세요

지는 갈잎 하나로 계절이 바뀌고
우리의 시간은 저만큼 등을 보입니다

청보리밭으로
짧게 봄날이 지나가고

석양은 여명으로 이어져
그렇게 흘러 흘러

낙엽이 다시
거름이 됩니다

별들이 다가와
내게 머무를 때까지

세월 타고 흐르는 조각배
어디로 가느냐 묻지 마세요

지렁이

내려다보지 마라

하늘을 날 수 없는 것이 아니라
날지 않아도 되는

스스로 머무를 곳을 알고 가는
낮고 낮은

저
해탈의 여정

망초꽃만 피어있었습니다

구름 걸린 곳까지 갔습니다
바람길 따라가면
모란이 있을 줄 알았습니다
나이보다 무거운 이력을 등에 지고
돌아 돌아 찾아갔는데
구름 걸리고 바람도 멈춘 곳에
누군가 백발이 되어 있었습니다
꽃잎은 산산이 흩어져 자취도 없고
매미가 울다 울다 지쳐 누운 땅
엄니 무덤 앞에서
웃다가 울다가
망초꽃만 꺾어왔습니다

절름발이

사선으로 기울어진 지평선에
해가 걸리면
그림자도 기울어 널을 뛴다

쪽빛 하늘에 눈이 시리다
검은 땅에 고개를 박고
비틀어진 세상에서 살풀이춤을 추자

구름 한 짐 끌어 내려
기운 땅을 돋으면
외나무다리를 건너가리

흔들리지 않는 길로
꽃 찾아 떠나가리

피우기 위해

내려가는 길

한 잔 술에 꽃 지는 줄 몰랐구나
다시 오는 봄에도
내 꽃은 피지 않을 것이니

숯 검댕이 같았던 사랑도
한사코 지우고 싶었던 상처도
발신되지 않을 우체통에 넣어버리자

에움길 돌아
비렁길 돌아
너를 향한 걸음걸음
사막에서 선인장 꽃을 피우는 일이었다

내리막을 적시는 석양은
긴 그림자
홀로 끌고 내려가는 아름다움

III부

꽃 하나 피우기 위해

일어나라

절망의 벽에도
문을 만드신 당신입니다

끊어진 길 위에도
길이 있습니다

모진 바람 앞에서
절벽을 붙들고 일어서는
굽은 솔 하나

신작로

미루나무 헤어가며
서녘 노을에 물 들어가는 날

워낭 소리 앞세워
바람 따라나섰는데
뽀얀 먼지 이는 길에서
길을 잃었다

내 뜻이 아니고야
자네 뜻도 아니고야
예만큼 왔으니
그저 가야지

꽃잎 실어 가는 세월은
저만큼 앞서가고
눈길은 산 비알
다랑이논에 두었는데

신발도 없는 허수아비 녀석
퀭한 눈을 하고서
길을 재촉한다

맑은 날뿐이라면

가시에 찔리지 않았다면
장미가 저리 붉을 수 있었을까

늘
맑은 날뿐이라면
우리가 소나기를 함께 맞으며

어찌
무지개를 만들 수 있었을까

이제서야

황혼에 머리를 풀고
백발의 억새
연신 허리를 숙인다

그동안 고마웠다고
미안한 게 많아서 눈물이 난다고

언젠가
돌아서 다시 만나면
더 낮은 곳에서
당신의 발을 씻어 드리겠다고

흘러서 어디로 가든

네 가는 곳이 어디더냐
묻지를 마오
갈잎 실어 흐르는 에움길이거늘
뭔 대수요

모난 돌부리에 걸려 산산이 부서져도
진창으로 탁한 세상을 건넌다 해도
늙은 나무 발밑을 적시다가
눈망울이 선한 고라니의
목을 축이겠소

달빛 타고 흐르다
장강지류가 지척이래도
아낙들의 빨래터가 있는
고향 개울로 가겠소

흘러가는 곳 어디드뇨
그대여 개의치 마오
흐르다 흐르다가
낮달도 기울면
지친 어깨 내려놓고 쉬어 갈 곳인 것을

들꽃

가꾸지 않아도 아름다운 꽃이 있다

보이지 않는 곳에서도
꽃으로 피는 사람이 있다

이름표도 없이
고요히 피고 지는 넌
가슴에 안겨 갈 수 없어도 넌

들판이 가슴으로 피우는
꽃

연꽃

대낮에도
어둠을 밟고 가는 사람들

진창에 몸을 묻고
한 줄기 꽃대를 밀어 올리는
간절한 연잎 속에서

연蓮은 차마
낮에도 등불을 내리지 못합니다

산매화

빈 산등성이에 스며든 소소리바람
어디서 울리는 북소리가
산매화를 깨운다

매화가
어디 아픔도 없이 꽃 되었으랴
삭풍에 꽃눈 틔우는 산고를
송이마다 한 점씩 토해내지 않았으면

자취마저 떠난 동토에서
밤새 삭히던 그리움으로 한 점

달도 사윈 겨울밤
외로움이 더하여 한 점

매화는 산통을 목젖으로 가두고
온몸을 비틀어 꽃눈을 열고 있다

가슴을 열고 손님을 영접하라
폭죽처럼 터지는 꽃망울에
봄이 앉았으니

민들레

무수히 밟혀 본 것들은 안다
이 순간이 지나면
다시 일어설 수 있다는 것을

허기진 도시의 막다른 길섶에서
무심한 발자국 밑에서
낮은 곳 귀퉁이마다
한 줌 가난한 햇볕을 덮고 누웠다
밟아도 밟아도
꺼뜨릴 수 없는 횃불이여
실핏줄처럼 퍼져 흐르는
인고의 삶이여

비로소 날개가 달리면
나 돌아가리니
하늘로 하늘로, 저 높은 곳으로

배롱나무

아프면서 꽃 피우는 나무가 있습니다

등 떠미는 세월이 가지가지마다
소낙비에 모진 바람
무지개도 걸어놓고 가겠지요
당신의 함박웃음으로 한 잎
이마에 걸린 땀방울로 한 잎씩 피었다가
한 점, 한 점
가슴을 찢고 날아갑니다
억장이 무너지겠지요만
보세요!
무너진 자리에서 또다시
꽃순이 돋아납니다

그렇게 해서 배롱나무는
백 일 동안 세상을 이어 간다지요
그렇게 산다지요

벚꽃

저건 혁명이다
무너진 산야를 일으키려는 횃불이다

살바람 우는 가지 끝에서
불면의 밤을 넘기다가
마지막 날숨을 모아 하늘을 덮었다
얼마나 가슴 저리게 그리웠으면
얼마나 목마르게 기다렸으면
저토록 몸을 비틀어 토해내는가!
마른 가지마다 터져 나오는
주체할 수 없는 함성

쓰나미다
봄이 쳐들어왔다

동백

스스로 매듭을 풀고

홀연히 자리를 비우는 그대여

산 것과 죽은 것이 본시 한 몸이니

죽어도 시들지 않는 의연함으로

내려와서 되려

더 붉다

장미는 외로워

가시가 있어서 장미는 외롭다

너에게 가는 길
발밑에
숨죽여 우는 풀꽃을 안아 보았느냐

시들어 봐야 알까?

사랑보다
오래 피는 꽃이 없다는 것을

꽃 하나 피우기 위해

가시밭을 건너야 했다

눈물
아홉으로 피어나는

저 꽃 하나

싸리나무

새들이 날아와 쉬어 갈 자리조차
주지 못했다, 나는

등짐 지고 열두 고비 넘는 나그네에게
그늘 한 뼘 내 주지 못했다, 나는

그러니, 여보시오

내 여윈 가지는 잘 묶어서
아이들이 걸어갈 길섶이나 쓸어주오

능소화

홀 된 뜨락에
소쩍새 울어 잠 못 이루고
봉창에 서린 달빛이 섧다

가야금 열두 현마다 맺힌 선혈이
무명 적삼에 꽃으로 피었으니
그마저 고와서 애달퍼라

은장도를 물었는가
꽃잎이 접히기 전에
생목을 떨구는 서늘한 연정

호박꽃

노랑에
노랑을 더 한
팜므파탈의 치명적 유혹

넉넉한 치마폭으로
단물을 내어주고
수태를 기다린다

철없는 수컷들의 향연

꼭지 떨어져
배 불러오면

그래
고명으로라도 쓰렴

선운사 꽃무릇

한 줄기 꽃대 위에
혼자서 붉은 저것은
태워도 태울 수 없는 그리움

하늘은 높아
가없는 설음 보낼 곳 없어
풍경소리 닿는 곳마다
불을 질렀다

주지승 무심한 목탁 소리에
이 밤
잠도 오지 않는데

도솔암 오르는 길 되잡아 가면
남기신 그림자라도 엿볼 수 있을까

당신은 가도 불은 꺼지지 않아

상사화
그 이름 다시는 부르지 않으리

벚나무 이파리도 피었습니다

꽃을 만들었으나
꽃이 되지 못한 이파리가 피었습니다

앞산에 물오르면
잎눈은
저 들어설 자리를 비워
기꺼이 꽃눈을 데려다 앉혔지요

속없이 봄비 내리고 시샘 바람 불던 날
꽃잎은 서녘으로 실려가고
아무도 찾지 않는 그 계절 내내
먹구름 속에서 울던 천둥을 어르려 젖을 물렸습니다

꽃을 만들었으나
꽃이 되지 못한 이파리가 꽃물이 들면
가을은 비로소 화장을 하고
산에서 마을로 내려옵니다

지금 가을이 환하게 익어가네요

IV부

봄이 오는 길

2월의 시

기별은 있었지만
드는 기척조차 없다

고드름도 낙수 되어
대지를 적시는데

갈까 말까
재 넘는 꽃바람
산등성이에 걸렸구나

흰 눈을 머리에 이고
동백
시린 가슴에 핏물이 든다

봄이 오는 길

봄은 어디에서 오는가

삼키지 못한 붉은 상흔을 안고
섬 비렁에 머리를 떨구는
요절한 동백에서 오는가

이파리보다 먼저 나와
꽃샘바람에 홀연히 몸을 날리는
뜨거운 벚꽃에서 오는가

발밑을 내려다보라!
인기척조차 얼어버린 묵정밭에 발을 묻고
간절하게 합장한 냉이꽃의 손끝에서
봄이 오고 있다

그 묵정밭을 일구어 씨를 뿌리려는
농부에게로 걸어 오고 있는 것이다

그대여
목이 마르도록
누구를 기다려 본 적이 없다면
스스로 봄이 되어 가라

봄이 돌아온다

목마른 땅의 기도가 하늘을 두드리면
누군가 구름옷을 입고 나타나
문을 연다고 했지
어미는 허기진 들에 젖을 물리고
숲이 먼지를 털고 일어나
초록으로 일렁인다
저기 좀 봐!
두견이 앉았던 자리에
스멀스멀 싹이 돋아나 몸을 뒤척이고
숨어있던 씨앗들이 기지개를 켜고
부화를 시작하잖아

장닭이 홰를 치고 목을 뽑아
잠자는 누렁이 깨워서 멍에를 얹고
무명옷 입은 사람들이 분주해지면
아이들은 한 뼘씩 더 자라고
농부의 굵은 주름에 꽃물이 들 것이니
가문 실핏줄마다 초록에 젖어
멈추었던 물레방아가 돌고
나도 돌고
눈물겨운 세상이
한 번 더 돌아가겠다

입추

사막을 건너면서
생의 등짝을 한 짐 뚝 잘라 보냈다
그러고도 아쉬운 마음은
쉼 없이 피고 지는 꽃잎에 실어 보냈다

귀뚜리는 아직 기척이 없고
예초기가 걷어간 풀냄새는
코끝에 남았는데
물색없는 고추잠자리는 짝을 찾아 헤매는가
노각 여물어가는 산촌에서는
국화향 가득 모으고
기러기 불러올 채비를 하겠지

어쩌지!
뜨거운 입맞춤이
아직 끝나지 않았는데

팔월에는

한낮의 정수리가 뜨겁다
그래도 너는
끓는 쇳물에 풀무질하라

일생을 묻혀 지낸 매미도 팔월에는
뜨겁게 함성을 지른다
생의 정점을 불사르는 것이다
더 울어 볼 시절은 다시 없어서
벌겋게 달아오른 우듬지를 붙들고 목을 놓는 것이다

생은 한때라도 뜨거워야 한다
사막을 건너야 오아시스로 갈 수 있을 테니
스스로 섶을 지고 가라
너의 생은 더 뜨거워야 한다

가을 나그네

갈 볕이
뜨락에 한소끔
마른 가랑잎을 덮었다

선뜻
떠나지 못하는
나그네

몸은
까치밥처럼
가지 끝에 매달려 있는데

이제
줄지은 철새 따라
떠나야 한다

가문 가슴에
우박처럼 비가 내리고
어디선가 들리는
요령 소리…

10월의 기도

국화향 바람
너른 벌 억새 나부끼는 소리

눈을 들어 바라본 산
산…
불타는 산

가지 끝에서 익어가는 까치밥 사랑
오늘 당신의 하늘은
금빛 햇살을 머금고 더 깊어졌습니다
귓불을 스치며 아는 체하는 바람에
구절초가 고개를 끄덕이는
갓 익은 가을이 풍성한 이런 날에는
서랍에 두었던 근심도 잊어 버리고
당신이 있는 물빛 하늘로
흰 돛단배 하나 띄우렵니다

저에게
오늘을 허락하셨다면
내일까지만
그다음 내일까지만
저 하늘을 다시 볼 수 있게 하소서

선운사 단풍

까치밥 하나
홀로 온 하늘을 떠받치고 있을 무렵

선운사 도솔천에는
진혼곡이 흐르고
환생을 위한 씻김굿이 시작된다

속 비워낸 늙은 단풍나무가
발 담그고 등 구부려 거울을 보면
제 몸을 불사르고 지난 계절을 털어내
하늘 덮은 선홍색 잎새

등짝이 휘도록 지고 가는
외마디 같은 삶의 족쇄들
이제야 그것들을 내려놓고
눈을 들어 하늘을 본다

남은 날숨마저 버리고서
무에 남았길래 떠나지 못하고
저리 천지를 물들이는가
이제 남은 것들을
다 가져갈

다비식의 현란한 불꽃

한 조각
걸치고 갈 미련도 남김없이
오엽단풍 담은 도솔천이 타오르고
나도 타고 있다
훨훨
휘얼훨

타고 남은 재는 산산이 흩어져
다시는
다시는 아니 돌아올
강물이 되리

낙엽을 보낸다

어깨를 툭 치고 가는 것

살가운 언약도 없이
맨발로 돌아서는 이승의 허물이다

이것을 보내고 나는 어디로 가야 하나
부대끼며 살아온 흔적이
그곳에 있는데

지난 삼백 날
천둥과 우박을 막아선 모정이
그곳에 있는데

한여름의 정열은 사라지려는가
붉게 물들어
그곳에 있는데

불꽃이던 오엽단풍은
아직도 뜨거운데

혼사랑에
달을 안고 밤을 새는
오동 잎새는 또 어쩌란 말인가

낙엽은 지지 않는다

저무는 것은 씨앗을 남긴다
씨앗은
새로운 봄을 낳고

가장 환한 모습일 때 투신하여
계절을 이어주는 저 헌신!
마른 땅에도
독설이 난무한 밤나무 아래에도 쌓이리라

세상을 다시 구르게 하는 수레바퀴다

머언 먼 기억의 흔적을 따라가서는
덜미를 잡아끄는 아쉬움에
한번 홀렁 뒤집어 보기도 하면서
마침내 숨을 놓고 뿌리를 향해 스며든다
그리고
자궁의 수액으로 다시 기어오르리

산등성이 위에
타는 노을
나무들은 불을 끄기에 바쁘다

이제 손수건을 흔들자
철새는 왔던 곳으로 되돌아가고 상수리 숲은
다시 다람쥐들을 길러낼 것이니

그가 지나온
그 자리에서부터

가을이 넘어가고 있습니다

갈잎 하나 떨어지는 소리에
화들짝 잠이 깼습니다
담장 밑의 봉선화는
임도 못 만난 채
홀로 시들고 마는군요

아직 달빛이 남아있는 가랑잎을 골라
같이 물 들어가는 사람에게
입안에 묻어둔 고백을 해야겠습니다

사랑했다
사랑한다

내내 푸르던 나뭇잎들이
노을 걸린 언덕을 넘어가고 있습니다
나도 따라가야 하는가 봅니다
먹먹한 것이 밀려와
마음 한켠이 시려오는 저문 오후
석양에 반짝이는 늙은 억새 틈에서
묻혀가는 그리운 날들을
하염없이 바라봅니다

동행

가지 끝에 가랑잎 하나

세월에 떠밀려
내 어깨에 앉았다

아마 가는 길이 같다고
보았나 보다

첫눈이 오면

알지 못하여 저지른 죄
알고도 모른 척 저지른 죄

산산이 부서져 내린 하늘이여
여명처럼 밀려와 나를 덮으라

대지의 공전이 멈추면
손님처럼 사제가 찾아와
고해성사를 받는다

어둠으로도 덮을 수 없는 부끄러운 기억 위로
영영 부를 수 없는 아득한 사람들 위로
용서의 *보속이 내리고

나는 이름을 다시 적는다

내가 사랑했던 사람아
함께 수렁을 건너던 사람아

처음처럼 만나서 이브의 땅으로 가자
손잡고 약속했던 곳으로
새 발자국을 찍으며 걸어가야지

*보속
고해성사 후 사제가 죄를 사하면서
내리는 참회의 숙제

겨울나무

부질없이
떠나간 새를 부르지 말자

고해의 침묵을
낙엽에 묻고
첩첩 설산을 넘는
너는

봄을 만들기 위해
아직
더 추워야 하나 보다

봄비 내리는 날

아주 낮게
길바닥을 누르는
소리가 있다

낡은 술잔에 담기는
옛사랑의 흔적

그 시절
뜻 모를 그리움이 젖은 어깨에 고여
공연한 설레임에
목이 마르다

연둣빛 춘정은
봄비 속에서 짙어지는데

슬며시 깃든 사랑의 기억으로
유리창 너머에 번지는
흐릿한 밀어들

가슴 두드리는 빗소리에
나는
길을 잃었다

겨울을 건너는 강

이제 끝났다고
봄은 오지 않을 거라고
얼어붙은 강가에서
우는 사람아
막막한 얼음장 밑으로 도도히 흐르는
생의 물줄기를 보라!
시리고 아린
겨울 강이 얼음을 깨고 나와
매화를 피워내는 것을

강이 얼었다고
세상이 얼었다고
물이 흐르지 않는 것이 아니다

고목의 봄

봄은
선물처럼 늘 새롭게 찾아오지만
오다가 길을 잃기도 하겠다

어찌할거나
어찌할거나
떠나가실 님 애달파
그리 섧게 울더니
두견이는 해넘이 전에
우듬지에 튼 둥지를 비웠다

겨울 강에 머물던 가창오리는
왔던 곳으로 돌아가고
낙엽이 거름이 되어도
꽃은 다시 피울 수 없을 테니

이제 문을 열고 손을 흔들자
다음에 보마는
허튼 언약은 없을 것이므로

백로白露

밤이슬에 노목의 등이 차다

먼 길을 가는 철새는 무리를 만들고
태양은 열매마다 머물러
숨을 고르는 중이다

헌 잎을 떨구어내면
새잎이 돋거늘
눕지 마라

간절함이 사라진 나무에는
봄이 오지 않는다

끝은 아직 보이지 않고
농부의 쇠스랑에 청보리밭이 너울거리나니
이슬 먹은 노목의 눈이 아직 밝아있다

9월에 머무는 동안

시들기 위해 피는 꽃은 없습니다

풍진 세상과 맞서다
열매가 되지 못한 꽃들을 기억하는지요

호박이 배불러 넝쿨째 달린 짜투리 밭에서
홍시가 되려다
땡감으로 버려진 이웃도 있습니다

상품이 되지 못한 복숭아가
과수원 뒤켠에서 충치 먹은 입을 벌리고
나뒹굴고 있습니다

9월의 파란 하늘이
양떼 구름으로 이들을 안아주고 갑니다

버티고 견디느라
여기까지 오느라 수고했다고
9월이 토닥이며 지나갑니다

아직 식지 않은 하늘이
고추잠자리 짝짓기로 요란하네요

오월에 살으리

당신이 남겨놓고 가신 세상이
다시 숨 쉬고 있습니다

초록 옷 입은 손님이
사립문을 열고 뜰에 들어섰습니다

아시나요? 지금쯤이면
연둣빛 이파리에서 반짝이는 청춘이 얼마나 아름다운지

물빛 하늘을 건너던 흰 돛단배가
편백 끝에 닻을 내리고 아카시 향을 길어 올리고 있네요

라일락이 지도록 오지 않는 사랑도
아쉬움도 후회도 실어 보내야겠습니다

실바람에 송홧가루가
지나간 날들처럼 흩어지다가 사라집니다

살아야 할 날들은 남았지만
머무르고 싶은 시절은 짧게 지나갑니다

이제 그를 보내려니

나를 붙잡고 놓아주지 않습니다
아니 내가 그를 붙잡고 있나 봅니다

대합실

해넘이 노을에 벽시계가 물들어가고
갈 곳 모르는 이정표가
라일락 꽃잎을 밟고 서 있다
도돌이표를 지운 체
앙상한 음표를 연주하는 기찻길
그 위로 너울대는 하얀 나비의 날갯짓

긴 나무 의자는
자리를 접고 돌아앉았다

굼벵이는 하늘을 오르려 매미가 되었다가
여름내 통곡하다 죽었다
지렁이는
더 낮은 곳으로 어둠을 밟고 가다가
고요하게 잠이 든다

철길 따라 흘러간 것은 모두 편도

가야 할 곳과
다시 오지 않을 곳, 그 사이에서
지난 시간의 그림자를 길게 끌고
나는

서 있다

다음 역에서는
사과가 익어가고 있겠지

새야, 날아보자

파지 실은 집달팽이가 언덕 너머로 사라진 뒤에도
해가 뜨지 않는다
검은 산 뒤로 번지는 코발트블루의 여명은 교회 십자가에 걸려서 묶여있고
변두리 골목길에 새보다 먼저
사람들이 눈을 감은 채 어둠을 나서면
묵직한 침묵을 깨고 온 첫차가
이들을 싣고 불빛 속으로 떠난다
변두리에서 타는 차는 또 다른 변두리로 향할 뿐

가시고기 등에 얹힌 새끼들의 무게가
아가미로 토하는 한숨보다 무겁다
도대체
몇 번이나 등가죽이 벗겨져야 낮은 처마에도 볕이 들 것인가?
날개 잃은 새가 하늘길을 찾으면
창문 하나에 가득히 쪽빛 하늘이 흐르고
기어코 날아오를 것이다
새가 되어
새가 되어

지하철 동충하초

발아發芽를 기다리며
곱은 손바닥을 펼쳐 햇살을 잡아당겨 본다
해는 골목까지 빛을 들이는데도
계단을 오르기 전에는 쉬이 발아되지 않을 터

지상으로 향하는 출구는 너무 멀리 있다
아직 때가 되지 않았다고
다시 눈을 감는다

나직이 내려앉은 처마 밑이 그립다
분꽃이랑 채송화 모여있는 양지는 아득한데
일어서는 법을 잊었는지
버리고 간 이삿짐처럼 세상의 구석에서 표류 중이다

한 방울의 비라면
사막의 선인장은 꽃을 피워낸다
한 줌의 햇살로도 무릎을 세울 수 있겠지만
아직 움트지 않는 배지에 찬 바람이 일고
빈 소주병이 넘어져 울고 있다

먹구름은 무지개를 품고 있다고 했지
손을 뻗어 하늘을 움켜잡는다

백야의 긴 밤이 어둠을 걷어내기 시작했다
마른 등짝에 온기가 퍼지고
날개가, 새싹이 돋아난다

'가자
이제 집에 가자'

간절한 독백이
계단을 타고 오른다

V부

안개꽃

낙화

꽃 지려거든
막지 말고 두세요
곧 뒤에 오는 이가 있어
빈자리가 환해질 터이니

세상 한편을 비추었으니
지는 해가 야속할까
타는 노을에
부서지는 꽃잎이 춤을 춥니다

모두가 지나간 이 길로
나,
설운 맘 없이 따르려니
뒤에 남은 사람아
조등을 켜지 말고 노래를 불러주오

씨앗

시간은 멈추고
살아있는 것은 미라가 되었습니다

노랑나비 따라가다
봄을 놓치고
함지박 가득 천둥과 비구름을 담아
여름을 나고
서둘러 떠날 채비를 하는
가을에 쫓겨
사랑만 주워 담았지요

버려져야 돌아올 수 있다면
묻혀야 꽃피울 수 있다면
그리하여
그대를 다시 만날 수 있다면

나는 한사코
잠들지 아니할 겁니다

신발이 없어졌다 (요양병원)

신발이 없다
신발이 없어졌다

넝마가 된 숨소리는
울대를 넘어가도 노래가 되지 않을 터
시선은 자리를 잡지 못하고
건너뛰는 맥의 잔량은 남은 수액만큼이다

타다 남은 목숨이
꾸러미로 엮여있는 하얀 감옥
짓무른 눈가에 앉았던 새가
창문에 갇힌 하늘을 부리로 쪼아대지만
천명을 거스른 링거 바늘이
북망산 넘는 길을 늘려놓는다

나는 더 가고 싶지 않다

소 몰고 살아온 길이 삼만리인데
발 벗고 누워 갈 길이 구만리라
밤마다 밝아있는 무덤이 두려워
아침에도 눈을 뜨지 못한다
달이 기울 때마다

소리 없는 통곡이 벽을 두드리고
신발 없는 기러기가 하나씩 날아가도
꽃가마가 오기 전에는
문은 열리지 않을 것이다
*
*
*

꽃놀이 가는 길
아들의 어널 소리에
어머니는 찔레꽃을 따서 뿌렸더랬지요
발자국마다 빨갛게 빨갛게
가시가 돋았습니다

정동진

모래시계를 뒤집으러
사람들은 밤 열차를 탄다
정화수에 고이 담은 소망을 지니고
등 굽은 해안을 따라 동쪽으로 동쪽으로

모래성에 묻어둔 갈매기의 알은
부화되지도 않았는데
다시 소망을 품으러 붉은 해변에 서 있다

저마다의 정동진에서
합장한 시선은 수평선을 보지만
고래는 아직 순산 하지 못하고
산통에 충혈된 파도가 해변을 할퀴고 있다

"모래시계를 뒤집어야 해"
사람들이 외친다

고래가 말했다
"아쉬워 하지마, 내일은 해가 뜰거야
정동진에서는 해가 뜨니까"

역전시장

역 앞 장터
등신불이 된 할멈은
좌판 위에서
환생을 기다린다

객 떠난 장바닥에서
할멈은
하루해를 다 덮고도
일어설 줄 모르고
각진 세상사
이제 거둘 때도 되었건만

빈 들녘에
워낭 소리 아직 멀었는가
골 깊은 입가 고랑에
입춘 넘긴 소소리바람만
머물다 간다

금오도

도시를 떠나 섬으로 간다는 것은
삶의 등짐을 내려놓고
영혼을 달래러 가는 것이다

섬에서는 라면 끓이는 냄비에서도
파도가 일고
멸치 떼도 튀어 오른다
갯바람은
항로 잃은 돛단배를 데려다
수고한다고 수고했다고 등을 토닥이고
반짝반짝 은갈치가
하늘색을 더 한 한려수도에서 유영한다
뭍의 체취가 남아있는 섬, 금오도
비렁길 굽이굽이 천상으로 이어지는 곳

나는
그곳에서 섬이 되었다

땡감

바람도 없이
땡감 떨어지는 날

나 돌아가려네
떠났던 엄니 품으로

기별도 없이
네가 나를 떠나는 날

나 또한 떠나려네
돌아보지 않고

낙엽 지고
강물이 흐르다 멈추어도
내가 있던 감나무는 새봄을 맞으리

눈사람

경칩을 앞에 두고
함박눈은 철없이 내려 이마와 코를 덮고
발목까지 묻어버리는 것이다
그나마 눈밭 속에 있는 동안은
사람으로 살아갈 수 있기에
눈사람은 겨울을 견딘다
서서히 눈이 그치고
모래시계로 시간이 빠져나가면
얼굴도 뚱뚱 배도
점점 사라지는 것을, 그는 안다
신발도 없이
모두가 봄길을 가려 하지만
눈사람이 사람으로 살기에는
이 지독한 겨울이 제격인 것이다

행복할 거야

낮게 낮게 흐르는 것이
바다에 이르는 것임을 안다면

깨진 그릇에
남아있는 물 한 모금에도
그저 감사할 수 있다면

그러면 행복할 거야

꿀벌도, 지고 갈 수 있을 만큼만
꿀을 담는다지

그릇을 줄여야지

행적

삶의
뒤안을 되짚어 가면
어둠을
돌아온 골목이 보인다

그림자에
물어보라
그대가 밝아지기 위해
부끄러운 계단을
밟고 오지 않았는지를

안개꽃

언제

자신을 위해

밝아본 적 있었을까

너는 빛나거라

나는

너의 배경이 되리니

갯벌

숲이
그리워 뭍이 되려 했으나
천 년의 밀물로도 오르지 못했다
수렁에 갇혀버린
꿈

고래가 되지 못한
짱뚱어가
바다를 삼켰다

나팔꽃

절망의 벽에도
문을
만드는 당신입니다

캄캄한 밤에도
아침을
만드는 꽃을 피웁니다

재개발지구

도시의 하이에나가

허물어진 골목을 먹어 치운다

아이들은 더 자라지 않고

달을 보며 살던 사람들은

계수나무 아래로 이사 가기로 했다

존재

영혼 없는 육신에

사리 하나 남긴 들 무엇하랴

새들은 떠나고

살바람 돌아나간 자리에

이름표가 무상하다

고사목

젊은 나무 하나
세월에 기대어
자신의 미래를 바라본다

저 백골 안에 다 태우지 못한
청춘

더 다가서지 못했던
사랑

흔들리며 갔던 날들이 있었으리

다도해

섬,
섬…
그리고
섬

네가 나를 떠난 뒤
섬이
하나 늘었다

돌탑을 쌓는 일

희망 하나씩
아슬아슬 쌓아가는 일

든든한 밑돌이 되기 위해
버티고 살아가는 일

오늘도
작은 소망 하나를 올려놓는다

담쟁이

기어이 이루고 싶은
소망하나

목마르게 간절한 것은
절벽에 발톱을 박고 올라간다

빙하를 넘어

사막을 넘어

낙엽을 보다

빗자루에 쓸려서

자루에 담길 때까지도

아무것도 쥐지 못한 주먹을

펴지 못하고 있습니다

하늘 동네

연탄재 늘어선 담벼락에
낙인이 선명하다

길섶 민들레가 홀씨를 품으면
날아라! 고샅길 끝으로
역세권으로

한계를 넘어 시련을 넘어
날자! 날기 위해 올라가야 한다

소박한 햇볕 한 줌 쥐고
희망 하나 끝끝내 놓지 말고

계족산 황톳길

굽은 등을 밟고 간 무수한 발자국
발끝에 파이는 걸음마다
통증은 기도가 된다

걱정 마,
아프지 않게
내가 그곳으로 데려다줄게

회한

술 한 잔에
꽃 지는 줄 몰랐구나

옹이 박힌 소나무도
수백 년
동춘당 고택을 떠받치고 있거늘

나 어찌
초가
이엉조차 고이지 못했는가

파경

오해의
도끼를 피하지
못하고
우듬지가 갈라졌다

내가
졌다

너도
졌다

낙오

시들기 위해 피는 꽃은 없습니다

풍진 세상과 맞서다
열매가 되지 못한 꽃들을 기억하는지요

홍시의 꿈이
땡감으로 떨어진 이웃이 보입니다

무상無常

꽃이었나 했는데

해거름에 돌아보니

뜰엔

낙엽뿐

거울

거울 속에서

아버지를 만났다

그의 얼굴이

녹을

벗겨 내며 건너온다

골 깊은 주름이

골 깊은 사랑이 내게로

왔다

저 연잎은

이슬 한 모금도 가두고 있지 않은

저 넓은 연잎

제 몸을 비우고
한 떨기 횃불을 들어
세상을 밝히려 한다

그래서 연못은

밤에도 환하게 고여 있는가

해설

노을빛 채색, 그 성찰의 서정

김종민 시혼문학회장
국문학 박사

I. 진솔하고 내밀한 일상의 대화

 "그림은 침묵의 시이며 시는 언어적 재능으로 그려내는 그림"이라고 말한 고대 그리스의 시인, 시모니데스의 말을 인용하지 않더라도 시와 그림은 서로 예술의 밀접성을 공유한다. 한 걸음 더 들어가서 시는 삶의 한 장면 장면을 언어적으로 그려내는 그림이며, 그 그림은 소리 없이 연주하는 노래라고 할 수 있다. 그림에 풍경화나 인물화, 정물화나 풍속화 등이 있듯, 음악에 클래식이나 재즈, 락이나 발라드 등이 있듯, 시에도 여러 종류의 다양한 관점의 시들이 존재한다.
 김형태 시를 한마디로 표현하면 삶과 자연으로 엮어낸 직물 같다. 다시 말해 그의 시는 자연에 순응하는 삶이며, 시인의 삶으로 스며든 자연이라고 할 수 있다. 그의 시에

자주 등장하는 자연, 계절, 꽃, 인생 등의 시어들이 그 사실을 말해준다. 그렇게 보는 또 하나의 이유는 그의 시에는 위선이나 억지가 전혀 없기 때문이다. 있는 그대로의 노래이자 그 순간순간의 자연이다. 순수하고 진솔한 이야기를 누군가에게 가만히 들려주는 것 같은 문체가 자연에 맞닿아 있다. 대화체의 화법에서 친근한 느낌을 들게 한다.

"여보 여보,/ 부디 내 손을 놓지 마오"「내 손을 놓지 마오」, "풀잎 이슬이 걷히기 전에/ 까치에게 말해 버릴걸// '내 사랑 아직 그대로야'"「아직 사랑이야」, 그리고 "친구야, 달 오르면/ 잔 하나 더 올려 주시게"「친구야, 달 오르면」, 이 시들에 나오는 대화를 보면 전혀 가식이나 꾸밈이 느껴지지 않는다. 있는 그대로의 진솔한 느낌으로 다가온다. 순수하고 솔직하며 다정하게 속삭이는 밀어와 같다. 화자와 대화하는 그 대상들도 하나같이 우리 주변에 머무는 친근한 캐릭터들이다. 첫 번째 시에서는 아내를, 두 번째 시에서는 까치를, 세 번째 시에서는 친구가 대화의 대상이다. 시인은 어떤 대상과도 대화할 수 있는 사람이다. 그 대상이 인격체이든 비인격체이든 그것은 중요한 것이 아니다. 무엇이든 대화의 상대로 여기고 마음을 열고 바라보는 시선이 중요하다.

    사람은 비둘기에게
    침을 뱉는다

    "내일 비가 오면
    너는 날지도 못할 거야"

「비둘기처럼」 부분

　위 시도 대화의 상대는 비둘기다. 위 내용으로만 보면 비둘기가 날지 못하게 될 것이라는 저주를 하는 것 같지만, 시의 마지막을 보면 저주의 역설이 작동한다. 날지 못할 것이라고 했지만 날아가면서 똥까지 싸고 간다. "비둘기가 사람의 머리 위에 똥을 싸고 날아간다" 결국 사람은 비둘기조차 제대로 알지 못하고 당하게 된다는 어떤 우화의 연상을 유발한다. 화자의 간섭 없이, 언어적 기교 없이 사실적 묘사만으로 그 의미를 풍자적으로 전달하는 기법으로 시인의 통찰을 드러내고 있다.

　「너를 보낸다」와 「민달팽이의 꿈」에서도 밀려왔다 밀려오는 썰물과 집도 없이 떠도는 민달팽이의 삶을 통해 인간의 내면을 들여다본다. 어떤 현상이나 미물과의 만남, 이 시에서도 대화체의 기법이 사용되고 있는데, 이는 앞서 소개한 우화적 시작법의 연장선에 있다. 여기서 '대붕 이야기'나 '호접몽 이야기'로 인간의 삶을 이야기한 장자 사상과도 어느 정도 접점을 이루고 있음을 엿볼 수 있다. 과연 고희(古稀)에서 묻어나는 통찰은 작은 미물, 평범한 일상에서 포착하는 자연스러움에 있는 것이 아닐까.

II. 사랑과 위로를 위한 대상의 의미화

　시의 깊이는 시를 쓰는 사람의 사색에서 나온다고 해도 과언이 아니다. 시를 쓰기 위한 사색은 무엇인가? 그것은 시의 대상에서 어떤 의미를 찾아내는 작업이다. 그 시적 대상이 생물이든 무생물이든 그것은 논의의 대상이 아니다. 생물이라면 인격을 부여하면 되고, 무생물이라면 생명을 부여하면 되기 때문이다. 시는 충분하게 그런 작업이 가능한 장르이다. 그래서 시인에게는 모든 대상이 인격적이며 생명적이라고 할 수 있다. 시인은 사물에서도 아픔을 느끼며 미물에게서도 인격을 경험한다. 더 나아가 부분에서 전체를 보는 안목이 있으며 전체에서 부분을 보는 세심함을 갖는다. 아래의 시를 보자.

소낙비에 젖었구나
울지마
내가 무지개로 찾아갈게

라일락 지고 밤꽃 내 자욱하도록
차마 두드리지 못한 너의 창문에
색동다리 걸어 놓을까

황혼에 고단한 몸을 누이는 너에게
밤새 팔베개 해주고 사라지는
새벽안개가 되리

어느 빈 하늘에 낮달이 있거든
내 사랑이라 보아다오

너에게 보이지 않더라도
널 위해 밝아있을 테니

「너에게 나는」 전문

  시집의 제목에 해당하는 위 시는 '너에게 나는' 어떤 의미인지를
묻고 있다. 김춘수의 「꽃」이 연상되는 대목이다. 「꽃」에서 이름을 불러주기 전의 '꽃'은 다만 하나의 몸짓에 불과했다. 그러나 이름을 부르는 순간 그 꽃은 어떤 의미로 바뀌게 된다. 이처럼 모두는 서로에게 어떤 의미가 되고 싶어 한다. 생각해 보면 우리 주변에 있는 것 중 우리와 의미 없는 것은 없다. 다만 그 의미를 애써 외면하거나 찾지 못하고 있을 뿐이다. 소낙비에게 무지개라는 의미, 반전으로서의 의미를 제시한다. 라일락꽃 진 창가에 사랑의 다리를 놓는 일, 고단한 하루 끝 팔베개를 해주는 새벽안개 같은 포근함, 낮달에 부여한 화자의 부드러운 사랑, 다 어떤 의미와 연결되며 희망을 만들어내고 있다.

  "별을 따서/ 뜰에 심었더니/ 그대가/ 피었습니다" 「뜰에 핀 별」 이 시는 아주 짧은 시지만 시를 읽는 독자들에게는 긴 여운을 주기에는 짧지 않다. 마치 독자들이 뜰에서 별을 보고 그 꽃의 향기와 질감을 직접 느끼는 듯한 착각이 들게 할 정도다. 여기서 별과 꽃, 그대를 하나의 의미로 연결하고 있다는 것을 어렵지 않게 알 수 있다. 그 하나의 의미는 시에서는 언급하고 있지 않지만, '사랑'이라는 것을 의미한다. 서로에게 사랑이라는 의미보다 큰 의미가 또 있을까? 아마 없을 것이다. 사랑으로서의 의미는 실로 고귀하고 거룩한 가치를 지니는 것이기 때문이다.

    곁에
    있을 때는 몰랐는데

    네가 떠난 뒤
    빛이 사라진 하늘에

    온통
    너만 보이잖아
          「별」 전문

「별」이라는 시에서도 시를 이끌어가는 도구는 별이지만, 그 별이 향하는 대상은 '너'라는 사랑으로 귀결되고 있다. 별이 상징하는 의미는 많지만 몇 가지만 짚어보면, 변하지 않는 마음, 영롱함, 순수함, 소중함, 등등을 떠올릴 수 있다. 이들 연상에서 공통적으로 품고 있는 내면의 의미는 사랑이다. 별과 사랑은 그만큼 밀접한 관계를 맺고 있다. 시 「별」에서는 '별'과 '너'를 동치시키고 있는데, 그만큼 소중하다는 것을 간접적으로 묘사하기 위해 별을 가져온 것이다. 은유나 환유의 시작법을 쓰는 이유도 직접 진술을 피하기 위한 시적 장치들이 아닌가.

    가꾸지 않아도 아름다운 꽃이 있다

    보이지 않는 곳에서도
    꽃으로 피는 사람이 있다

이름표도 없이
고요히 피고 지는 넌
가슴에 안겨 갈 수 없어도 넌

들판이 가슴으로 피우는
꽃
    「들꽃」 전문

 사람들은 언제 가장 큰 상심이 올까? 다르게 말할 수도 있겠지만, 자신이 사랑하는 그 대상을 잃었을 때다. 사랑의 대상이 사라졌을 때의 상심이란 단장의 아픔보다 수족을 잘라내는 아픔보다 크다 해도 과언이 아니다. 반대로 사랑할 수 있는 대상이 많은 사람일수록 행복하다. 그 사랑의 대상이 꼭 사람일 필요는 없다. 사람이 아니어도 얼마든지 사랑할 수 있기 때문이다.
 시인에게 창조자의 능력이 있다는 말은 모든 사물에 생명을 부여할 수 있는 능력이 있다는 말이다. 모든 사물에, 무생물에, 미물에 생명을 부여하고 그것들을 사랑으로 볼 수 있게 된다면 그는 이미 작은 창조자라고 할 수 있을 것이다. 김형태는 「들꽃」에서 이미 그런 시적 생명을 부여하고 있다. 「들꽃」에서 시인은 들꽃과 이름 없는 어떤 사람을 호환시킨다. 세상에서 볼품없는 것이라 할지라도 들판이 가슴으로 피우는 꽃이라면 그것은 최고의 위로가 아닐 수 없다. 사랑이야말로 최고의 위로이기 때문이다. 다음의 시는 그 사실을 잘 말해주는 듯하다. "그대/ 아파야 꽃이 되는/ 눈물방울이여// 상처 없이 사는 삶/ 어디 있으랴/ 시련을 딛고 밝아오는/ 저 꽃// 한 송이" 「진주」.

Ⅲ. 자연에 순응하는 해탈의 형상화

흔히들 사람은 흙에서 와서 흙으로 돌아간다고 말한다. 자연으로 돌아간다는 말이다. 죽음으로써 자연 그 자체가 되는 것이다. 그때 비로소 사람은 모든 번뇌와 속박에서 벗어나게 된다. 그것이 곧 완전한 해탈에 이르는 길이다. 김형태 시는 이런 해탈을 형상화한 시들이 많다. 이는 그만큼 세상을 깊이 있게 바라보고 있다는 뜻이다. 깊이 보지 않고는 이런 해탈적 사고를 언어로 토해낼 수 없는 것이다.

「꽃 하나 피우기 위해」라는 시에서는 '저 꽃 하나도 눈물 아홉으로 피어' 난다고 진술한다. 화자와 이름 없는 꽃을 일체화하고 있다. 나와 자연을 일체화하는 것은, 자연에 순응하려는 애씀이며 해탈의 시적 형상화이다. 이는 물이 흐르는 것처럼 자연스러운 체화를 만들어낸다.

> 뜨락에 별빛이 곱게 쌓이면
> 내 별 찾아가는 길도 밝아 있겠지요
> 녹슨 보습 위로
> 첫눈처럼 달빛이 내리고 있습니다
> 어머니!
> 어머니 계신 곳에도
> 감나무 가지에 보름달이 열리는지요

「호미」부분

　「호미」에서는 이 세상에 존재하지 않은 어머니를 이 세상으로 소환한다. 독자들에게 이 세상과 저세상을 하나의 공간에서 경험하도록 한다. 이 시에서 인간적 욕망이나 미련은 전혀 없다. 오로지 어머니 계신 곳에 보름달이 열리고 있는지를 묻고 있을 뿐이다. 이미 화자는 반쯤은 저세상 발을 딛고 있는 것처럼 느끼게 한다. 해탈의 극대화가 이뤄지고 있다.

　"역 앞 장터/ 등신불이 된 할멈은/ 좌판 위에서/ 환생을 기다린다" 「역전시장」이라는 시에서 시인은 늙은 노점상에게서 등신불을 보고 환생을 말한다. 시선이 현재에 머물러 있는 것이 아니라 미래에 있다. 그러나 그 미래가 먼 미래 같지만, 그리 멀지 않다. 이미 눈앞에 펼쳐진 환상으로서의 풍경이며 풍경으로서의 현재이다.

　"내려다보지 마라//하늘을 날 수 없는 것이 아니라/ 날지 않아도 되는// 스스로 머무를 곳을 알고 가는/ 낮고 낮은// 저/ 해탈의 여정" 시인은 이제 '지렁이'에게서 직접적으로 '해탈'이라고 진술한다. 지렁이는 가장 낮고 천한 것의 상징적 생물로 기능한다. 해탈을 아는 사람은 높이를 탐하지 않는다. 바닥을 아는 사람은 공중을 욕망하지 않는다. 그들에게 중요한 것은 방향일 뿐이다. 높이 오르는 것일수록 그 추락의 충격이 클 수밖에 없다. 그러나 바닥을 기는 것은 추락의 염려로부터 완전히 자유로운 존재이다.

　　한 잔 술에 꽃 지는 줄 몰랐구나

다시 오는 봄에도
내 꽃은 피지 않을 것이니

〈중략〉

내리막을 적시는 석양은
긴 그림자
홀로 끌고 내려가는 아름다움
　　　　　　「내려가는 길」 부분

　급기야 시인은 내려가는 길이 아름답다고 한다. 물론 그것이 내세적 인생을 말하는 것일 수도 있지만, 여기서 독자들은 세상에서의 직분이나 직책을 생각하지 않을 수 없다. 즉 시인은 하나의 시에서 현실과 내세의 이중 메시지를 담아내고 있는 것으로 보인다.
　"흘러가는 곳 어디드뇨/ 그대여 개의치 마오/ 흐르다 흐르다가/ 낮달도 기울면/ 지친 어깨 내려놓고 쉬어 갈 곳인 것을"「흘러서 어디로 가든」 이 시에서 해탈을 노래하는 시인의 모습은 초연하다. 흘러서 어디로 가든, 그 마지막이 어떠하든, 개의치 않고 다만 가고자 한다. 흐르는 대로 가겠다는 것이다. 순응하겠다는 굳은 의지의 표현이다. 어쩌면 순응을 넘어 등신불처럼 해탈이 체화되고 있는 것일지도 모른다.「겨울을 건너는 강」에서는 얼음 밑에 흐르는 강물을 보는데, 이는 죽음 이후의 모습을 노래하는 것이리라. 또「친구야, 달 오르면」에서 "친구야, 달 오르면/ 잔 하나 더 올려 주시게" 마치 마지막 잔을 친구에게 부탁하는 모습을 연출하고 있다. 아래 시 「동행」을 보자.

가지 끝에 가랑잎 하나

세월에 떠밀려
내 어깨에 앉았다

아마 가는 길이 같다고
보았나 보다
「동행」 전문

가랑잎은 가을 낙엽이다. 문학적으로 가을은 슬픔이거나 비극으로 표상된다. 인생으로 보자면 끝자락이다. 시인은 그 가랑잎이 가는 길을 화자가 가는 길과 일치시킨다. 가랑잎은 생명이 없다. 거름이 되거나 불태워지는 존재이다. 그러나 시인은 그 가랑잎을 화자와 동행하는 대상으로 삼고 있다는 점이다. 대상에 의미를 부여하지 않고는 일어날 수 없는 시심이다. 그런 의미로 보자면 우리는 무엇과도 동행할 수 있으며 무엇과도 친구가 될 수 있다. 「낙화」에서도 그런 기조는 그대로 유지 된다. 여기서 시인은 가는 길에 조등보다는 노래를 요청한다. "타는 노을에 부서지는 꽃잎이 춤을" 추듯이…….